3-6 Jahre

Meine schönsten Lieder für unterwegs

Zum Anhören, Mitsingen und Musizieren

Nur mit original tiptoi® Stift spielbar

tiptoi® Das spielerische Lernsystem

Ravensburger

Im Frühtau zu Berge

G D Am D G
Im Frühtau zu Berge wir gehn, fallera, es grünen die Wälder, die Höhn, fallera.

C G
|: Wir wandern ohne Sorgen singend in den Morgen,

D^7 G C G
noch eh im Tale die Hähne krähn. :|

Eine Seefahrt, die ist lustig

C
Eine Seefahrt, die ist lustig, eine Seefahrt, die ist schön,
G^7 F C
denn da kann man fremde Länder und noch manches andere sehn.
C G^7 C
Hol-la-hi, hol-la-ho, hol-la-hi-a, hi-a, hi-a, hol-la-ho.

Old MacDonald had a farm

F Bb F C^7 F
Old MacDonald had a farm, E-I-E-I-O.

F Bb F C^7 F
And on his farm he had a cow, E-I-E-I-O.

F F
With a moo, moo here, and a moo, moo there.

F F
Here a moo, there a moo, everywhere a moo, moo.

Von den blauen Bergen kommen wir

```
        G        C                 G
Von den blauen Bergen kommen wir.
                                   D
Unser Lehrer ist genauso nett wie wir.
        G                    G7
Gibt uns keine schlechten Noten,
           C
denn wir haben's ihm verboten.
        D                        G
Von den blauen Bergen kommen wir.
```

Ich bin ein kleines Nilpferd

```
C                                                   G
Ich bin ein kleines Nilpferd und wiege tausend Pfund.
                                                                C
Mein Speck ist mir sehr viel wert, er macht mich glatt und rund.
                                            C7       F
Ich bin ein kleines Nilpferd und hab ein großes Maul.
       F               C                G7                 C
|: Aufs Fressen leg ich viel Wert, doch sonst bin ich sehr faul. :|
```

Es klappert die Mühle am rauschenden Bach

C G C
Es klappert die Mühle am rauschenden Bach, klipp klapp.
C G C
Bei Tag und bei Nacht ist der Müller stets wach, klipp klapp.
G^7
Er mahlet uns Korn zu dem kräftigen Brot,
C G
und haben wir solches, so hat‘s keine Not.
C G^7 C
Klipp klapp, klipp klapp, klipp klapp!

Wiegt mich, ihr Wogen

E B^7 E A E B^7
Wildes, schäumendes, brausendes Meer! Rollende Wogen, von wo kommt ihr her?
E B^7 E A E B^7 E
Pfeilschnelle Möwen, was sagt euer Schrei? Endloses Meer, nur auf dir bin ich frei.
E B^7 E A E B^7 E
Wiegt mich, ihr Wogen, und singt mir ein Lied! Stolz unser Schiff in die Ferne zieht.

Schön ist die Welt

G D^7 G D

Schön ist die Welt, drum, Brüder, lasst uns reisen.

C D G D^7 G

Wohl in die weite Welt, wohl in die weite Welt.

G D^7 G D

Wir reisen fort, von einer Stadt zur ander'n

C D G D^7 G

wo uns die Luft gefällt, wo uns die Luft gefällt.

Trara, die Post ist da

G
|: Trara, die Post ist da! :|

D G
Von Weitem hört man schon den Ton,

A D D^7 G
sein Liedchen bläst der Postillion, er bläst mit starker Kehle,

D G
er bläst aus voller Seele, die Post ist da, trara, trara!

C D7 G
Die Post ist da, trara!

In einen Harung jung und schlank

G D^7 G
In einen Harung jung und schlank, zwo, drei, vier, sit tata, tirallala,

G D^7 G
der auf dem Meeresgrunde schwamm, zwo, drei, vier, sit tata, tirallala,

C D^7 G D^7 G
verliebte sich, o Wunder, ’ne olle Flunder, ’ne olle Flunder,

C D^7 G D^7 G
verliebte sich, o Wunder, ’ne olle Flunder.

Der Mond ist aufgegangen

C F G^7 C
Der Mond ist aufgegangen,
F G^7 C
die goldnen Sternlein prangen
C F G
am Himmel hell und klar.
C F G^7 C
Der Wald steht schwarz und schweiget,
F G^7 C
und aus den Wiesen steiget
C F G^7 C
der weiße Nebel wunderbar.

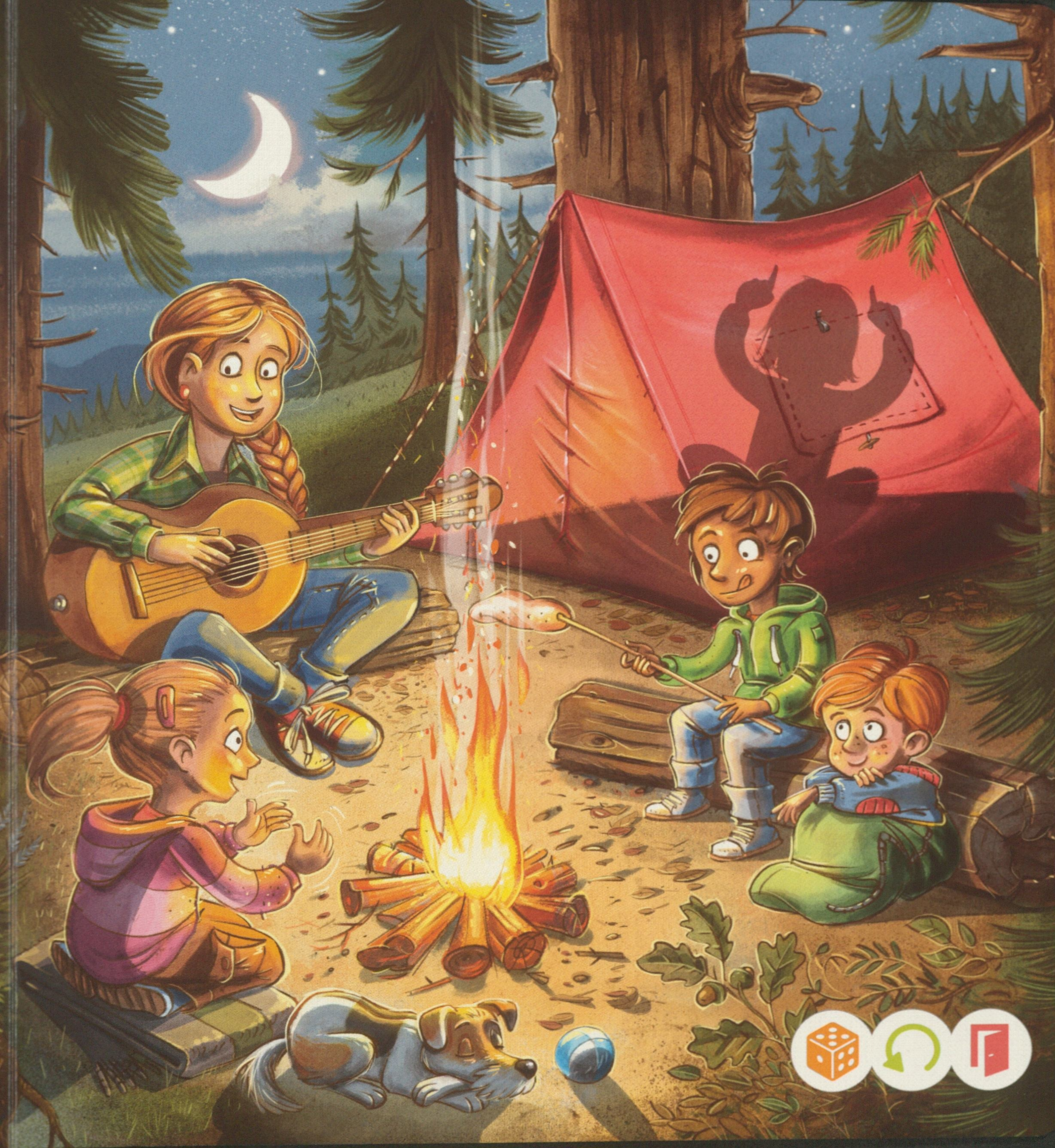

Meine schönsten Lieder für unterwegs

Eine Seefahrt, die ist lustig! Überall wird gesungen: beim Wandern in den Bergen, im Urlaub auf der Insel, im Stau, am Hafen und beim Zelten.

Mit tiptoi® gehen Kinder auf eine wunderbare musikalische Reise. Die abgedruckten Lieder können mit Gesang oder in der Instrumentalversion angehört werden.

Mit dem tiptoi® Stift anmelden und entdecken!

Audiodatei herunterladen:

Entweder mit dem **tiptoi® Manager** (Programm für PC und Mac, Internetverbindung und USB-Anschluss erforderlich)

oder mit der **tiptoi® Ladestation** (separat erhältlich, benötigt eine WLAN-Verbindung).

Mit allen tiptoi® Stiften spielbar.

Text: Cee Neudert
Illustration: Patrick Fix
Soundproduktion: www.novosonic.com
Design: Serviceplan, ungestalt, brodesign

9 8 7 6 5

Postfach 2460 · D-88194 Ravensburg
ravensburger.com

MIX
Papier | Fördert gute Waldnutzung
FSC® C111262

tiptoi®

Das spielerische Lernsystem

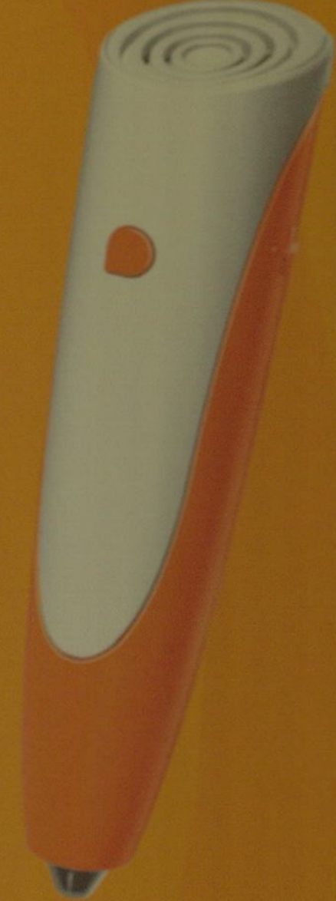

Tippen, spielen, lernen!

tiptoi® macht Bücher und Spiele lebendig. Tippen die Kinder mit dem Stift auf Bilder und Texte, erklingen Geräusche, Sprache und Musik. Interaktiv und eigenständig tauchen die Kinder in spannende Welten ein. So macht Lernen richtig Spaß!

www.tiptoi.de

ISBN 978-3-473-49258-9
9 783473 492589
€ [A] 18,50
€ [D] 17,99